ROBERT POLIDORI

ROBERT POLIDORI FOTOGRAFIAS

O silêncio de Robert Polidori Fernando Serapião

UMA DAS OBRAS QUE COMPÕE ESTA SELEÇÃO DO TRABALHO DO ARTISTA franco-canadense Robert Polidori, nascido em 1951, retrata um trecho da rua Malecón (1997), em Havana, Cuba. Na imagem (página ao lado e p. 55), observam-se situações distintas. Em primeiro plano, no centro da composição, dois imóveis vizinhos exibem um ecletismo pobre do início do século xx. Ambos os prédios variam entre dois e três pisos. As fachadas estão iluminadas pelo entardecer, com o sol quase no horizonte. Uma das construções está cercada por tapumes, fechada para restauro; no alpendre da outra, três cubanos sentados observam a vida passar. Ao lado deles, um quarto observador permanece de pé, embaixo do batente da entrada da casa. Nas duas laterais da foto, em segundo plano e na sombra, há construções de ocupação mais densa, de arquitetura vulgar e envelhecida. Entre os ecléticos edifícios ensolarados e os prédios na penumbra, dois terrenos vazios aguardam pelo futuro incerto. Na cidade inacabada, a placa da obra em restauro faz um alerta: "Pense na segurança – proteja-se". _____ Em outra imagem incluída nesta retrospectiva, o foco é em um ambiente fechado. Vemos uma sala de aula da escola infantil em Pripyat (p. 79), cidade-dormitório habitada pelos trabalhadores da usina de Chernobyl e suas famílias. O mobiliário está desordenado: peças fora do lugar, gavetas abertas e três cadeiras para crianças estão sobre as mesas. O material escolar confunde-se com um pó branco, que se espalha por todo lado. O teto está manchado por infiltrações. Nas paredes, a tinta verde descasca. Seu colorido contrasta com o tom da lousa avermelhada, que contém um aviso manuscrito em giz branco: "Não há retorno: adeus. Pripyat, 28 de abril de 1986." A foto foi tirada 15 anos depois de o aviso ter sido escrito.

As fotografias de Polidori se agrupam em temas que dão origem a reportagens e livros autorais de grandes dimensões, nos quais quase não há texto. O ambiente construído pelo homem é o mote que caracteriza seu trabalho. Mas Polidori documenta a arquitetura para se expressar. Assim como Hiroshi Sugimoto (1948), Andreas Gursky (1955) e Thomas Ruff (1958) – artistas que, com diferentes abordagens, também se voltam para o ambiente construído –, Polidori não é um simples fotógrafo de arquitetura. Os fotógrafos de arquitetura mais ligados ao *métier* se dividem, *grosso modo*, em duas alas: de um lado fica o grupo que documenta a vanguarda; do outro estão os profissionais que registram a boa vida. O primeiro grupo, que concentra os fotógrafos mais destacados, pode ser exemplificado pelo trabalho de Julius Shulman (1910), que documentou o modernismo da metade do século xx na Califórnia, ou ainda de Lucien Hervé (1910-2007), que registrou prédios de Le Corbusier. No Brasil, a obra mais significativa do gênero é a de Marcel Gautherot (1910-1996), que eternizou o frescor da melhor fase de Oscar Niemeyer. Essas imagens alimentam centenas de revistas da área – algumas delas, tradicionais –, além de livros e catálogos. Os profissionais que documentam a vanguarda eternizam utopias modernas e contemporâneas, imaculadas e no auge de sua plenitude. Ou seja, as fotos são sempre realizadas com as obras recém-inauguradas e, em geral, os edifícios estão vazios, sem gente. A figura humana aparece como referência de dimensão da obra, para "dar escala", como diz o jargão profissional. Le Corbusier tinha um conselho na ponta da língua para os jovens profissionais dispostos a produzir documentação visual sobre obras arquitetônicas: "Fotografe assim que a obra terminar e nunca mais apareça para visitá-la". Ele temia pelo destino de suas construções, pois sabia que o encontro da utopia com a realidade não era indolor. Seus *pilotis*, por exemplo, que idealizavam um mundo sem fronteiras, corriam o risco de ganhar usos mais rentáveis. De forma inocente, Corbusier ficava horrorizado em ver alguns dos apartamentos da unidade de habitação de Marselha recheados com móveis vulgares, em estilo Luís xv. Paralelamente (e em oposição) ao registro da produção de vanguarda, a fotografia de arquitetura possui outra especialidade, mais vulgar e, em geral, vinculada à imagem de interiores. Esse grupo é alimentado por publicações de outro gênero: os periódicos de decoração e de celebridades. A principal referência do meio é a revista *Architectural Digest*. Se esses fotógrafos são menos valorizados no ambiente profissional, suas fotos são muito mais populares, e compõem, em grande medida, o imaginário doméstico da nossa era. O que importa é o registro de um ambiente, uma atmosfera, um "clima", muitas vezes ajudado pela produção, que insere objetos extras aqui e

acolá. Herdando a pureza imaculada da imagem vanguardista, o aconchego dos cômodos residenciais, na maioria das vezes, exclui a presença humana. A ambientação é perfeita, muito arrumada, como normalmente a dinâmica da vida doméstica não permite. Ao invés da idealização da vanguarda, essas imagens versam sobre a idealização de outra coisa: a boa vida, o luxo, o *glamour*, o conforto, o *status* e o consumo. Afinal de contas, sugerem essas fotografias, quem disse que a vida não pode ser perfeita? ⎯⎯⎯ Para quem tem o pé no chão, é evidente, tanto as fotos da vanguarda quanto as da boa vida dão asas à imaginação, vendendo-nos a ideia de um mundo idealizado. ⎯⎯⎯ O que aproxima o trabalho de Robert Polidori dos fotógrafos convencionais de arquitetura – sejam eles adeptos da vanguarda ou da boa vida – são dois itens: a técnica e o registro de espaços. Em primeiro lugar, Polidori recorre a equipamento semelhante e ao mesmo repertório técnico de seus colegas: ele trabalha com cromos de grande formato, utiliza acessórios que corrigem a perspectiva e usa só luz natural. Com frequência, emprega um enquadramento característico da documentação arquitetônica, cuja origem é a perspectiva renascentista. Além disso, o registro de espaços é outro ponto de contato entre o trabalho de Polidori e o dos que documentam a cena arquitetônica pura. Ele não se interessa, por exemplo, por paisagens naturais. O artista aborda ambientes internos ou externos, pode inclusive se fixar em focos mais fechados e detalhes, algo frequente também no trabalho dos fotógrafos de decoração. Ou seja, suas fotos versam somente sobre o ambiente construído, aquele que foi edificado pelo engenho humano. Por fim, nas imagens de Polidori, a figura humana é raramente observada, seguindo o padrão das fotos clássicas de arquitetura. ⎯⎯⎯ Robert Polidori, contudo, não se interessa por documentar a obra de Frank Gehry, tampouco por eternizar as almofadas da sala de estar da celebridade da semana. Para ele, o fator predominante não é o estilo da construção e nem o tema decorativo. O que o distingue dos demais fotógrafos de arquitetura é o fato de que sua máquina foca um ambiente construído que, na maioria das vezes, é vulgar, comum, mas que está maculado, não pela presença humana, e sim pelo edifício ter sofrido algo. O artista se interessa por ações capazes de transformar o espaço original, justamente aquele que sempre é idealizado. Em certa medida, essas ações que transformam o espaço construído podem ser também atribuídas ao próprio "engenho humano", agora com sinal invertido. São acontecimentos na maioria das vezes inesperados e que reviram a ordem original e desejável do ambiente construído. Exemplos dessas ações? Uma guerra, o vandalismo ou até mesmo o vazamento de uma usina nuclear. Enfim, edifícios que sentiram na pele, ou melhor, em seus tijolos, alguma excepcionalidade, que pode ser perfeitamente transformada em manchete de jornal. ⎯⎯⎯
Que fique bem claro, contudo: Polidori não faz fotojornalismo. Se o tema que lhe atrai o aproxima da imprensa, o *timing* da

realização o separa. Ao contrário de seus colegas do jornalismo diário, ele não sofre com a pressa do editor. Seu tempo é outro, ele não está atrás do flagrante. Sua paciência lhe permite esperar o momento necessário para documentar o que deseja. Ele pode ir a campo depois de uma semana ou mesmo anos depois do acontecimento que chamou sua atenção. _____ Nesse sentido, o trabalho de Polidori se aproxima dos textos publicados nas revistas em que ele colabora, principalmente a *The New Yorker* e a *Vanity Fair*, escritos sempre com mais vagar e profundidade do que os publicados na imprensa em geral. Nesses periódicos (e, principalmente, em seus livros), Polidori realiza grandes reportagens sem utilizar palavras. Ele é uma espécie de narrador em terceira pessoa, que observa a cena de forma precisa. E, como tal, deixa poucas pegadas visíveis, procurando captar no espaço vazio, como um perito da polícia científica, parte das marcas que a história recente deixou. _____ Seu trabalho se insere na produção de artistas que utilizam a imagem fotográfica para documentar a tragédia humana, tendo como protagonista o espaço e lançando mão de recursos usuais da documentação de arquitetura. Se, de um lado, essa tradição de retratar a transformação do espaço foi inicialmente pautada pelo progresso – por exemplo, a construção das metrópoles norte-americanas, com Charles Sheeler (1883-1965) ou Berenice Abbott (1898-1991) –, de outro, ela ganhou força com o registro do rescaldo da Segunda Guerra Mundial. Refiro-me ao trabalho de Hermann Claasen (1899-1987), Georgij Petrussov (1903-1971), Herbert List (1903-1975), August Sander (1876-1964), Lee Miller (1907-1977), Robert Capa (1913-1954) e Werner Bischof (1916-1954). _____ A obra de Polidori é composta por grupos de imagens. Tais séries podem se estruturar a partir de temas amplos – como a explosão demográfica em grandes centros urbanos da periferia do capitalismo, registrada no livro *Metropolis* (2005), no qual ele documentou cidades como Amã, na Jordânia, ou Varanasi, na Índia – ou então a partir de temas precisos, com local e fato definidos. Neste segundo grupo estão, por exemplo, trabalhos como o que registra a decadência de Havana (1997) – da qual faz parte a já citada cena da rua Malecón –, ou ainda a tragédia de Chernobyl (2001), na antiga União Soviética (atual Ucrânia). _____ Com simplicidade, poderíamos dizer que Polidori move-se pelo resultado do caos e da barbárie no ambiente construído. Mas como encaixar na perspectiva fácil da tragédia a documentação que ele, entre 1984 e 2008, realizou da restauração do palácio de Versalhes? Seria um contraponto positivo? Um truque do artista para despistar a classificação ligeira? A sugestão de que, apesar da nova encarnação como museu, aquele espaço também foi tocado pela tragédia, durante a sangrenta queda da monarquia francesa? Ou o simples registro de uma ação humana que intervém em uma construção a fim de preservar a história? _____ Em Versalhes, creio, o que desperta o interesse de Polidori é, mais uma vez, a ordem desfeita. Nesta série, há uma foto, por exemplo, em que a tela pintada por David (que retrata a morte de Marat) está no chão (p. 121). Ou seja, está fora do lugar esperado. Há outras, com quadros de lado ou detalhes de câmeras de vídeo na parede do século XVII. Por outro lado, ainda no trabalho sobre Versalhes, Polidori evidencia a questão do enquadramento na foto de arquitetura. Talvez por que ali teve mais controle e tempo – além do lugar não ser inóspito. O artista, então, brinca com a história e se transforma quase em um pintor de época, retratando o ambiente da corte, novamente com o auxílio de enquadramentos inspirados na perspectiva renascentista. Em outras, com o foco fechado, ele observa a textura dos revestimentos do palácio. Na fotografia em que aparece uma parte de um quadro do pintor barroco Philippe Vignon (p. 145), quais são os limites da textura das paredes do palácio, da pintura, da moldura e do próprio trabalho de Polidori? O retratado na pintura, Luís XIV, parece querer sair da tela. Essa sensação é realçada pela cor da fotografia, um dos elementos mais importantes do fotógrafo. Em um grupo formado por três fotografias desta mesma série (pp. 123, 125 e 127) – todas dentro dos aposentos de madame Adélaïde, filha de Luís XV e tia de Luís XVI –, Polidori explora os jogos de espelhos e quase se coloca em cena, tal como fez Diego Velázquez em *As meninas* (1656). ⎯⎯⎯⎯ O trabalho de Polidori que alcançou maior repercussão teve como tema a devastação causada pelo furacão Katrina, que arrasou Nova Orleans em 2006. Tamanho destaque, evidentemente, foi potencializado por se tratar de uma tragédia norte-americana, ocorrida no seio do capitalismo e no país em que o fotógrafo escolheu morar. Depois, pelas implicações políticas deste ensaio. Mas o que importa, sobretudo, é o resultado final. Por mais que se conheçam os fatos do noticiário, amplamente divulgados pela imprensa, a série que ele realizou possui uma dimensão independente das circunstâncias. Dá para traçar um paralelo enviesado com uma reportagem muito particular – mais uma vez pensando na *The New Yorker*. Escrito por John Hersey, o texto a que me refiro, intitulado "Hiroshima", descreve a consequência da bomba nuclear lançada sobre a cidade japonesa no final da Segunda Guerra, em 1945. Na época em que foi publicada, a reportagem modificou a percepção do fato pela opinião pública norte-americana. Se Hersey usou seis personagens para exemplificar o drama japonês, Polidori não expõe nenhuma história particular. Como já foi dito, em sua narrativa não há nomes ou rostos. Sua personagem principal continua sendo o espaço mundano que sofreu sério abalo. A desconstrução, neste caso, não é um estilo arquitetônico de vanguarda, é uma verdade factual. As casas estão tortas, e se vê, de fora, o guarda-roupa antes protegido pelo recesso de um lar; lanchas foram parar no meio da rua e carros acabaram empinados sobre as construções. Calçadas imundas, árvores arrancadas com raiz etc. ⎯⎯⎯⎯ O mais comovente, no entanto, são os espaços internos, que apresentam a tragédia humana em sua dimensão doméstica. Ampliações de grandes formatos trazidas para esta exposição aumentam essa percepção. Os ambientes parecem que estão diante de nós, em escala natural. Na sala de estar de uma casa na Lamanche Street, por exemplo, a bandeira norte-americana rouba a cena (p. 95). Em outra residência, localizada na Marigny Street, a cozinha é integrada ao espaço social (p. 101). Em primeiro plano, à esquerda, a imagem mostra o forno de micro-ondas. Ao fundo, fica a sala de estar. A televisão está no chão, junto com uma montanha de entulho, e a porta da casa encontra-se aberta. No alto, dividindo os dois ambientes, estão penduradas panelas, frigideiras, conchas e demais utensílios de cozinha. Em outra fotografia, de um quarto na North Miro Street (p. 93), nem ligamos para o mal-gosto do estilo da cama do subúrbio negro e pobre; Polidori coloca em primeiro plano a tragédia. Os enquadramentos e as texturas captadas compõem cenas riquíssimas, com detalhes e cores incríveis, trazendo à mente, de imediato, imagens produzidas por revistas de decoração. Contudo, no lugar da sala perfeita, da presença da celebridade, o artista revela o ambiente ao avesso. Ele subverte o inconsciente coletivo ao reverter, com a mesma arma, a propaganda da boa vida. Em outro dormitório de Nova Orleans, de uma residência na Warrington Street (p. 105), dois armários estão abertos e tudo está estragado. Se essa imagem fosse embaralhada com outras de séries diversas de Polidori, não se conseguiria dizer se estamos vendo o resultado de uma guerra civil em Beirute, um espaço de Chernobyl ou um quarto decadente de Havana. Um detalhe de Versalhes, como o *Quadro ausente* (p. 115), poderia estar em Cuba. Na via inversa, a decadência da sala de estar da casa da senhora Faxas (p. 37), em Havana, ainda exala o passado endinheirado, como Versalhes. O vandalismo no apartamento da 14th Street (pp. 23 e 25), em Nova York, poderia ser em Beirute. _____ Na obra de Polidori – tal como na vida real –, o drama é humano, não há ideologia. A força das imagens nos induz a observá-las com quietude e reflexão. Tal atitude pode ser em resposta à mudez que parece congelar todas as fotos; é o silêncio ensurdecedor do dia seguinte dentro da sala de estar. Nada da utopia moderna ou da idealização do consumo. A rota da barbárie humana pode entrar na sua casa sem bater na porta. Vale não esquecer os avisos. E melhor ainda se também estivessem embaralhados, tal como as fotos, os avisos encontrados no tapume de obras em Havana e no quadro-negro da escola próxima a Chernobyl: "Proteja-se: não há retorno".

FERNANDO SERAPIÃO (1971) é arquiteto graduado pela Universidade Mackenzie (1996) e mestre na área pela mesma instituição (2006). É editor da revista *Projeto Design* e possui artigos publicados em diversos periódicos do gênero, como *Domus China*, *Arquitectura Viva* (Espanha) e *Arquitectura Ibérica* (Portugal). É colaborador da revista *piauí*. Publicou cinco livros, entre os quais *São Paulo: guia de arquitetura contemporânea* (Editora Viana & Mosley, 2005) e ganhou o 1º prêmio na categoria trabalhos escritos no 7º Prêmio Jovens Arquitetos (IAB/SP/Museu da Casa Brasileira).

O espírito dos lugares   Paulette Gagnon

AS IMAGENS DE ROBERT POLIDORI NUNCA NOS DEIXAM INDIFERENTES, proporcionando-nos uma experiência de grande intensidade. Essa intensidade, porém, não pode ser senão resultado de uma reflexão sobre "as variações de um presente subjetivo"[1], um olhar humanista sobre as mutações de um mundo em que tudo vacila, com os problemas que isso gera. Sendo a imagem o que vemos e criamos, cada uma das fotografias em cores desse artista tem sua história enraizada no valor do documento como meio de conhecimento. A noção de documento exerce aqui sua legitimidade, impondo-se como catalisador de memória. Imagens amparadas numa pesquisa estética nada têm a ver com a ficção como tal, pois repousam sempre sobre o real, mediante uma exploração aprofundada e uma incursão nos lugares carregados de história e de memória. Lugares que às vezes parecem esquecidos, mas que nem por isso deixam de estar menos presentes no imaginário coletivo. Roland Barthes postula que a história é uma memória fabricada, ao passo que a fotografia é um testemunho fiel.[2] Dessa forma, a imagem fotográfica de Polidori, que se liga ao real, é também uma imagem-documento, que vem instalar uma realidade histórica contra o esquecimento. _____ Todavia, apesar da ambiguidade que deixa pairar, essa fotografia permanece significativa de nossa conexão com o mundo, de nossa relação com os outros e até mesmo de nossa maneira de imaginar e pensar. Ela constitui a evocação de uma alteridade que incita o questionamento, uma vez que é paradoxalmente

1. DURAND, Régis. *Le Regard pensif: lieux et objets de la photographie*. Paris: La Différence, 1990, p. 89.

2. BARTHES, Roland. *La Chambre claire: note sur la photographie*. Paris: Cahiers du Cinéma/Gallimard/Seuil, 1980, p. 146. (Ed. brasileira: *A câmara clara*. Rio de Janeiro: Nova Fronteira, 2000, 7. ed.)

distante e próxima de nós. Instaura uma defasagem entre distanciamento e contiguidade que estimula nossa participação como espectador. Ela é também o lugar de uma dinâmica de produção de sentido. Traduz uma inquietude, uma insegurança diante da incerteza. _____ Nesse desdobramento de imagens que tornam cada vez mais frágil a fronteira entre a obra de arte e o documento, as obras de Robert Polidori dirigem um olhar penetrante sobre o mundo fabricado pelo homem. As fotografias engenhosamente enquadradas exprimem a singularidade dos lugares e suas contradições, cristalizados que estão na desolação e na beleza, no fausto e na decadência. "Quando dirijo minha câmera para alguma coisa, é como se eu fizesse uma pergunta. E a imagem que daí resulta é como se fosse uma resposta."[3] Polidori define-se como testemunha das mutações de nossa civilização e preocupa-se em produzir uma arte que seja socialmente eficaz, uma vez que os problemas presentes em grande parte dessas séries fotográficas são, por assim dizer, endêmicos. O que está em jogo demonstra claramente os excessos da humanidade; o que o artista expõe é um vestígio, uma marca, mas também a sobrevivência da memória. Ele arrasta o espectador para um questionamento sobre o curso atual das coisas. Com suas obras, o fotógrafo ilustra a fragilidade de nosso universo e lança um olhar crítico sobre nossa sociedade. Distingue-se na obra de Polidori uma coerência e um silêncio em profundidade. Encontramos na obra de Rainer Marie Rilke exemplos desse silêncio, no qual o poeta nos compele a escutar o pensamento. Achamo-nos na reversibilidade entre sentir e pensar. _____ As viagens de Polidori levam-no um pouco por toda parte do planeta. Movido por uma curiosidade incansável e estimulado por uma criatividade efervescente, ele revisita locais proibidos, devastados ou carregados de história, com singular sensibilidade artística. Quando sulca Beirute, Nova Orleans, Pripyat e Chernobyl, sua experiência de fotógrafo, além da arte de escolher assuntos que fazem história, revela-nos vestígios de um mundo enganador e desolado. As cenas são uma *mise en abyme*[4] de vestígios, como traço do que desapareceu; "metáfora da fragilidade humana", elas capturam nosso olhar a fim de se reconstruírem enquanto memória. Esfacelado como um campo de ruínas, o conteúdo das imagens de matizes crepusculares na série *Beirute*, por exemplo, deixa entrever cacos de sua destruição numa visão apocalíptica. Essa paisagem devastada pela guerra reflete um estado de aniquilamento que encerra narrativas insondáveis. Independentemente da particularidade de seus desígnios, o olhar se abandona à deriva por obra da luz natural que os revela à medida que os transforma, chegando a desmaterializar os lugares. A suavidade dos tons e a rigorosa harmonia das linhas e das matérias desestruturadas conferem às superfícies dos objetos uma sedução próxima à da pintura. _____ **Versalhes, insigne lugar de memória**[5] É do ponto de vista da história que se mede a força da imagem fotográfica. A beleza elegíaca das imagens de um Versalhes em plena restauração atesta uma manifestação da ausência pela ilusão de um efeito de presença. Quando o rei Luís Filipe, em 1837, transforma o castelo em museu dedicado "a todas as glórias da França", Versalhes torna-se um símbolo e um lugar de memória, passando a abrigar objetos, pinturas e esculturas. As imagens desse monumento conduzem a uma reapropriação da história. Trata-se de iniciar o espectador numa consciência histórica e de impregná-lo progressivamente com ela. As imagens de Polidori tornam perceptível o inefável, num ritual de rememoração, pela simples representação de sua aparência. Nesse sentido, mergulham o olhar no passado e revelam toda sua riqueza, acentuada por uma luz ao mesmo tempo clara e escura, cujo efeito intenso desvela a tonalidade rítmica das cores e do motivo. Na mesma linha de ideias, essas imagens sondam nosso desejo do real, ainda que os objetos fetiches, as molduras e os quadros enraízem-se na espacialidade e tornem-se testemunhas de outra época, ganhando um sentido positivo próximo da universalidade. Os objetos prisioneiros do silêncio das coisas atravessam a "concretude" do real, a exemplo do tempo entrelaçado na duração. Eles abrem a possibilidade de uma referência inédita ao passado por meio do sublime e da memória fictícia e fantástica. Ao fotografar dessa forma o espírito de uma época, o artista impõe revisitá-la e convida a avaliá-la segundo nossos próprios esquemas, isto é, a partir de nosso presente, único elemento a permanecer perpétuo. ⎯⎯⎯⎯ As imagens de Versalhes tornam-se uma manifestação do poder e formam uma extensão ilimitada de seu aspecto. Louis Marin explica que, na época, o retrato constituía o imaginário do poder; e a imagem detém um poder próprio que não deixa o real intacto.[6] Assim, os sucessivos retratos em formato oval, entre eles o de Marie-Clotilde-Xavière de France (p. 137), projetam a idealização do *status* social. Esses retratos correspondem a uma busca da perfeição do reflexo de si. Os súditos tentam refletir a elevada opinião de seu próprio valor para serem vistos como modelos pela nação. É, nas palavras do artista, "o conceito de superego"[7] que predomina e procura atuar de uma maneira significante, para descrever um estado de ser, uma vida oficial e uma força de dominação. O retrato, ou sua ausência pela extinção da referência, constitui um simulacro, uma cisão entre o ser e o parecer, uma defasagem entre o inteligível e o sensível, um marco em que o imaginário informa e modela o real. "O simulacro ocupa lugar de real"[8] e manifesta um elo de continuidade entre aquele que percebe e o que é percebido. Ele articula uma dimensão narrativa. Algumas fotografias chegam a desenvolver uma proposta sobre o movimento, quando o artista transforma a profundidade do espaço num encadeamento de aberturas para, dessa forma, tornar visível a fuga do tempo. Nesse universo paradoxal, em que o despojamento austero de um Versalhes sendo restaurado contrasta com a ideia da profusão dos objetos e do entrelaçamento dos motivos decorativos, bem como com a riqueza das texturas e coloridos, o artista traz à tona a

3. Robert Polidori, em entrevista no *site* do Berliner Festspiele, por ocasião da exposição de suas obras no Martin-Gropius-Bau, de 17 de março a 26 de junho de 2006, em Berlim, Alemanha. Disponível em: http://www.berlinerfestspiele.de/en/aktuell/festivals/11_gropiusbau/mgb_04_rueckblick/mgb_rueckblick_ausstellungen/mgb_archiv_ProgrammlisteDetailSeite_4200.php. Acesso em: 05.01.2009. **4.** *Mise en abyme*: expressão usada pela primeira vez em seu sentido semiológico por André Gide (*Diário*, 1893), significando genericamente uma narrativa dentro de outra narrativa, seja esta literária, visual ou sonora. (N.T.) **5.** "Lugar de memória": expressão forjada pelo historiador francês Pierre Nora na década de 1980. Segundo ele, "um lugar de memória [...] vai desde o objeto mais material e mais concreto, eventualmente geograficamente situado, ao objeto mais abstrato e intelectualmente construído. Logo, pode tratar-se de um monumento, uma personagem importante, um museu, arquivos, bem como de um símbolo, uma divisa, um acontecimento ou uma instituição." (N.T.) **6.** MARIN, Louis. *Le Portrait du roi*. Paris: Minuit, 1981, pp. 11-13. **7.** Segundo Sigmund Freud, a exemplo do *id* e do ego, o superego (*das Über-Ich*) faz parte do modelo estrutural do pensamento. **8.** BAUDRILLARD, Jean. *Simulacres et simulation*. Paris: Galilée, 1981, pp. 9-12.

organização desses agenciamentos internos e o caráter às vezes artificial dos lugares que o homem construiu para si.

Percebemos, nessas instalações das salas do castelo, o interesse do artista por um efeito pictórico da linguagem fotográfica. A imagem do plano em cores confina com a imagem em perspectiva do cenário arquitetônico. Próxima de um espírito de inventário, a composição é rigorosamente enquadrada e concentra-se no essencial, conferindo ao cenário uma precisão e um refinamento estético que dão vida nova a esses interiores. Ao evacuar reiteradamente a representação humana, o artista antecipa o alcance do olhar. Os espíritos, entretanto, parecem continuar a habitar os lugares e, por conseguinte, essa atmosfera atua como um autêntico feitiço. Polidori convida-nos a um espetáculo épico, marcado por essa faceta poética que perpassa a obra.

Os marcos temporais de Havana Nunca é demais sonhar com as imagens de Havana. Detectamos, nas fotografias de interiores de residências coloniais, um sopro de vida com o qual o fotógrafo incita o espectador a escutar o silêncio dos lugares. Nesses interiores, percebemos os indícios dos valores pessoais. Segundo Polidori, esses indícios são metáforas em sua potencialidade de catalisar o essencial de uma maneira de ser. Longe dos rumores perceptíveis, longe do burburinho da vida burguesa passada, ali onde as sensações se emaranham, as imagens refletem, ao exibirem objetos banais e corriqueiros, traços do cotidiano da população cubana estabelecida nos sobrados deteriorados dos notáveis de ontem. A arquitetura dessas casas em ruínas, de estilos variados, testemunha um passado opulento dessacralizado pelo artista. As imagens apresentam fragmentos de vida que, embora pareçam tão precários quanto inusitados, exalam uma beleza misteriosa. Elas congelam a espessura do tempo e suprimem sua fluidez. Todas essas fotografias exibem uma aura de recordações, pois a visão objetiva do fotógrafo contribui para explicar a vida e o lugar outrora ocupados pelos proprietários desses ricos sobrados coloniais, ao mesmo tempo em que atualiza a presente rotina na degradação dos lugares. Logo, o procedimento do artista tem como resultado, adotando na base um ponto de vista documental, mas com um tratamento estético, conscientizar-nos do efeito produzido: o silêncio dos lugares incita-nos a buscar o movimento na imobilidade, a vida no inanimado e, por fim, a experiência vivida no anonimato. E se o essencial residir nisso?

Nova Orleans sob a luz que obscurece o tempo Essa série é uma constatação do desenraizamento que os cidadãos de Nova Orleans viveram na esteira do mortífero furacão Katrina, ocorrido em agosto de 2005. Cada habitação tem sua história e os lugares inabitados engendram um retrato social. O artista ergue o véu dos interiores dessas casas e transcendendo amplamente a profusão dos mil e um objetos que despontam de todos os lados, nos expõe sua intimidade, que acaba configurando uma presença em si. O poder de evocação impõe uma interferência no lugar da catástrofe e no sofrimento que persiste. A visão apocalíptica dos vestígios hostis exerce um irresistível fascínio. Cenas de desastre, todos os interiores e exteriores fotografados por Polidori após a inundação da cidade refletem um estado de destruição exacerbado. _____ Lembramo-nos da metáfora da vida como uma passagem forçada antes da morte. A imagem restitui ao olhar uma paisagem alucinante, "lugar de um conflito entre um desejo de eternidade e os acidentes do presente".[9] Essa eclosão do visível produz um efeito bastante particular e pode revelar-se de uma estranha beleza. Como opera essa transformação? A imagem substitui o real, isola um fragmento de realidade, confere-lhe uma presença imediata e uma força dramática necessariamente recíprocas. O que atua na imagem fotográfica tem efeito sobre nossa percepção e fornece o indício da emoção, o esqueleto do acontecimento vivido que ecoa a vida ainda recente. A sugestão nos deixa sensíveis não apenas ao desastre, mas também ao desamparo das pessoas obrigadas a fugir de Nova Orleans, para esse exílio de que são vítimas. _____ Assim como o fotógrafo, tornamo-nos testemunhas dessa catástrofe. Essas perspectivas de ruínas fétidas vasculham o visível e inquietam o olhar. A força do imaginário é aqui medida pela percepção que pede satisfações ao real. Nossa imaginação vagueia numa espécie de narrativa dramática que transcende o conteúdo das imagens. Estas bastam para fazer reviver aquele abalo, para desvelar uma cidade desertada. Como se nosso olhar se esfacelasse sobre a superfície das coisas e descobrisse seu caráter caótico, como se a imagem traduzisse uma realidade e se tornasse o eixo de nossa relação com essa paisagem de desolação. Mesmo quando se trata de ver a evanescente beleza cedendo lugar à feiura das coisas, as imagens fotográficas de Robert Polidori não deixam de nos surpreender, pois estão ali para inscrever a história em nossa consciência coletiva. _____ A atmosfera das águas estagnadas também é perceptível no produto fotográfico. Segundo Gaston Bachelard, "a água torna-se uma espécie de mediador plástico entre a vida e a morte".[10] Do conjunto dessas imagens, que nos fazem penetrar com facilidade nas habitações, emerge uma sensação de estranheza, de perda e impotência face à inelutável fatalidade. É uma visão pesadelesca do confinamento no fluxo anônimo dos objetos e do mobiliário, ambos carregados de histórias pessoais, que não deixa de evocar a destruição física e psíquica dos ocupantes. O avesso de um cenário explode diante de nossos olhos. Transformado pela inundação num amontoado caótico de objetos esparsos, cada interior de casa atesta a inexorável destruição e o inevitável exílio por meio da beleza paradoxal de uma harmonia das formas e das cores. _____ **Pripyat e Chernobyl ou o tempo circular** "As proezas técnicas são prenhes de promessas catastróficas. Com Chernobyl, passamos aos acidentes globais, às consequências inscritas na duração."[11] Quem melhor que o artista pode propiciar essa dimensão essencialmente trágica, essa silenciosa e

9. DURAND, Régis. *Op. cit.*, p. 89. **10**. BACHELARD, Gaston. *L'Eau et les rêves: essai sur l'imagination de la matière*. Paris: José Corti, 1942, p. 20. [Ed. brasileira: *A água e os sonhos*. São Paulo: Martins Fontes, 2002.] **11**. VIRILIO, Paul. "Le Krach actuel représente l'accident intégral par excellence". Entrevista a Gérard Courtois e Michel Guerrin. *Le Monde*, Paris, 19-20.10.2008, p. 17.

fundamental angústia face ao amanhã? Há lugares abandonados e perigosos, prédios condenados que permanecem na paisagem como cenas de teatro abandonadas, uma realidade incontornável. Chernobyl, dentre os piores acidentes gerados pelo progresso técnico, é sinônimo do sofrimento humano e do êxodo. Como uma evocação do caráter efêmero da vida terrena e como uma pausa da vida numa paisagem de trevas, as fotografias de Pripyat e Chernobyl, esvaziadas de toda presença, ilustram a devastação e a desordem dos lugares abandonados na esteira da catástrofe ocorrida em 1986. Escancaram o trauma, o cotidiano destruído, o exílio e a morte. São os momentos dissecados dessa tragédia de Chernobyl que nos fazem pensar no excesso do fluxo de Dionísio, deus da explosão, das forças de vida e da destruição, mas também de todas as fúrias.[12] A atmosfera que emana da zona considerada mortal revela a complexidade de um acontecimento dramático e impõe a ideia de uma tragédia. Diante da destruição de um território com 30 quilômetros quadrados de extensão e do terror de uma população em debandada, uma tristeza imensa se apodera do espectador. _____ Extensão do campo do olhar do artista, as fotos dessa série mantêm uma relação estreita com o tempo. Sob a aparência espectral dos dispositivos – que evocam sucessivamente a sala de ginástica, a sala de cirurgia de um hospital (p. 63), o berçário (p. 67), o posto de controle e vigilância do reator nuclear (p. 61) etc. –, o tempo é suspenso. Na rigidez estática das fileiras de carteiras escolares (pp. 69, 75 e 79) e camas de crianças, o mobiliário que vislumbramos no centro de vidas passadas cria um ambiente insólito, do qual as criaturas se evaporaram. A obra congela assim o exato instante da extinção do sentido de pertencimento, que se furtou completamente. A imagem fotográfica continua a disseminar seus efeitos diante de nossa faculdade de percepção e opera em silêncio uma colocação entre parênteses do real. Nesse sentido, a fotografia de Polidori é o único meio de suscitar a tomada de consciência no espectador que não podia estar ali presente, pois esses objetos fotografados, agora verdadeiros ícones, e cujo conjunto constitui o arquivo de um espaço e de um tempo, colocam aquele que os vê diante do enigma de um mundo flutuante. _____ Ao operar uma suspensão da ordem da consciência e uma "apologia da razão", o conjunto das obras que forma o ensaio *Pripyat e Chernobyl* cobra uma satisfação do real, opondo a dissonância à inércia desse universo contaminado e fechado. "O último, mas decerto não o menor, traço característico de uma civilização revela-se na maneira como ela organiza as relações dos homens entre si."[13] Essas instalações desertadas, esses lugares em latência e adormecidos e esses objetos esparsos são os vestígios de uma humanidade extinta; neles, percebemos mais intimamente a destruição da vida. Robert Polidori nos apresenta a dor desses lugares e constata sua inclusão num universo à deriva. Concomitantemente, a memória é a única a salvar-se da catástrofe, constituindo exceção à destruição e à perda nesse deslizamento de tempo. _____ **O espaço urbano e sua coletividade** A perspectiva dos prédios de Amã (pp. 149 e 151) sugere uma rede de vida na massa compacta e homogênea dos lugares. Essa massa se define por uma trama de *habitats* que, à primeira vista, deve tanto ao que vemos quanto ao que não podemos discernir. Nesse aspecto, subsistem muitos pontos cegos, tanto no que a imagem subtrai ao olhar quanto no que ela mostra. Esses prediozinhos de janelas abertas ou fechadas, com terraços sobre telhados de recantos secretos, falam de intimidade, ao mesmo tempo em que oferecem uma visão de conjunto de um espaço partilhado. As temporalidades intercalam-se. O artista nos expõe a relação da cidade com a coletividade e da vida com o espaço urbano. Esses *habitats* desorganizados, no que nos parece ser um subúrbio soporífico, estão empoleirados no morro como "uma aglomeração de ninhos", que revela uma explosão demográfica. Imergem numa atmosfera indefinida, resultante do efeito da luz que harmoniza as superfícies e dá a esses lugares uma coloração que pode chegar à abstração. Manifestamente, a organização espacial da imagem é exaltada pela experiência da cor. O artista deixa o imaginário de cada um dar vida a essas construções anônimas e pensar a imagem em sua totalidade. _____ Ao passo que o vaivém dos transeuntes que anima as ruas de Varanasi, na Índia (pp. 153 e 155), contrasta com a aparente quietude das vistas de Amã, Polidori inspeciona a condição humana e empreende sua exploração crítica da paisagem urbana. Pois, por trás dessas imagens, esconde-se o lugar do homem numa humanidade em seu cotidiano. Aqui, a extensão de Amã, articulada por uma proliferação anárquica de moradias, satura o horizonte e reflete um modo de vida. A fronteira entre privado e público se dilui. Lá, ao sabor do frenesi dos deslocamentos dos moradores diante das bancadas dos mercados, é o movimento, esse fluxo vital, que constitui a matriz sensível de Varanasi, cidade sagrada para o deus Shiva, e marca o ritmo das atividades cotidianas de suas ruas. "Estamos às voltas com instantes fugazes em que as relações são moventes", dizia Henri Cartier-Bresson. Nesses territórios urbanos onde as criaturas modelam para si um laço social, o artista, com a mesma cativante plasticidade da superfície das imagens, ancora resolutamente seu trabalho no presente e, de certa forma, distancia-se de sua relação com o sentido da história. _____ Sem exceção, todas as séries de fotografias compreendidas pelos ensaios *Beirute*, *Versalhes*, *Havana*, *Nova Orleans* e *Pripyat* e *Chernobyl* constituem um universo de experiências em si, numa vontade de desvelar o que não existe mais. O conjunto reflete um mundo específico de memória, o do presente em relação com o passado, e explora assuntos ligados diretamente à história. As imagens sugerem múltiplos extratos de sentido e suscitam reações emocionais; um confronto entre o sofrimento, a destruição e a magnificência imaginada pelo homem. O artista explora o real, desvenda uma teatralidade da ausência, e também uma teatralidade

[12]. Referimo-nos aqui aos dois primeiros capítulos de *O nascimento da tragédia* (1872), de Friedrich Nietzsche (São Paulo: Companhia das Letras, 1999). [13]. FREUD, Sigmund. *Mal-estar na cultura*. In: Edição standard brasileira das obras completas de Freud, v. 21. Rio de Janeiro: Imago, 1976.

comemorativa. _____ Era Wolfgang Tillmans quem dizia que somos livres para utilizar nossos olhos e atribuir valores às coisas ao nosso bel-prazer, e que os olhos são uma formidável ferramenta subversiva, pois não podem ser controlados. Num mundo às voltas com a hostilidade, a guerra e as intempéries climáticas, não há mais narração possível. A opressão sentida por aquele que vê é efetivamente a única coisa prenhe da esperança que nos chega associada a uma tomada de consciência de um estado de fato, pois todas essas imagens incitam-nos a repensar "as obrigações da consciência". Fazer essa experiência suscita a capacidade de despertar, o que é apropriado para modificar os comportamentos no decorrer da aventura humana. _____ É na articulação tensa, até mesmo conflituosa, de nosso mundo que se situa o essencial da fotografia de Polidori: um relato fotográfico de momentos de história que estimula o compartilhamento e que doravante pertence à memória coletiva. O artista investiga essa memória num diálogo com a alteridade, com a presença na ausência e o enigma na história, tornando explícita a perenidade que morreu. O conjunto de seu trabalho coloca-se como testemunho da condição humana. Em geral, as situações de crise, quando as catástrofes se acumulam, devolvem-nos ao essencial da vida e nos despertam de nossas certezas. Nunca terminamos de ver.

Historiadora da arte, graduada na Universidade de Lyon, França, **PAULETTE GAGNON** é, desde 1992, a curadora-chefe do Museu de Arte Contemporânea de Montreal. É responsável pelo calendário de exposições, pelos eventos multimídia, pelas aquisições e pelo Departamento Educativo. Entre as várias exposições de grande interesse organizadas nos últimos anos, merecem destaque: *Claude Tousignant, uma retrospectiva*; a Trienal de Quebec 2008; *Anselm Kiefer*; *Isaac Julien*; *Shirin Neshat, de cabeça para baixo, um trabalho de impertinência*; *Ann Hamilton*; *Louise Bourgeois*; *O olho do colecionador*; e *Angela Grauerholz*. Participou de simpósios e conferências sobre arte contemporânea, e também é autora de livros e artigos publicados em revistas especializadas.

Tradução de André Telles

22 Sala de Estar, 642 East 14th Street, ap. 3, Nova York, EUA, 1985

Cozinha, 642 East 14th Street, ap. 3, Nova York, EUA, 1985

26 Apartamento no Bronx, Nova York, EUA, 1985

28 Vão de porta cor-de-rosa, quartel-general de Samir Geagea, Beirute, Líbano, 1994

30 Dois vãos de porta, quartel-general de Samir Geagea, Beirute, Líbano, 1996

Vão de porta, quartel-general de Samir Geagea, Beirute, Líbano, 1996

Estande de tiro, quartel-general de Samir Geagea, Beirute, Líbano, 1996

Residência da senhora Faxas, Miramar, Havana, Cuba, 1997

38 Quarto de dormir da senhora Faxas, Havana, Cuba, 1997

Casa de Mercedes Alfonso, rua Línea, 508 (entre ruas D e E), Vedado, Havana, Cuba, 1997

42 Casa de Mercedes Alfonso, rua Línea, 508 (entre ruas D e E), Vedado, Havana, Cuba, 1997

44 Ciudadela, antiga casa da condessa O'Reilly, a condesa de Buenavista, rua 6, 320, na esquina da Quinta Avenida, Miramar, Havana, Cuba, 1997

46　Teatro Capitolio, posteriormente Campo Amor, Indústria 411, Havana Velha, Cuba, 1997

La Guarida, entrada de restaurante, Havana, Cuba, 1997

50   Carro antigo com partes aproveitadas de outros, Havana, Cuba, 1997

Fachadas de prédios na rua Malecón, Havana, Cuba, 1997

54 Fachadas de prédios na rua Malecón, Havana, Cuba, 1997

Áreas residenciais de Pripyat com a usina nuclear de Chernobyl ao fundo, Pripyat, Ucrânia, 2001

58 Linhas de transmissão e transformadores de energia de alta voltagem com a usina nuclear de Chernobyl ao fundo, Chernobyl, Ucrânia, 2001

60 Sala de controle, reator 4, Chernobyl, Ucrânia, 2001

Sala de cirurgia, Pripyat, Ucrânia, 2001

64 Ala de maternidade, Pripyat, Ucrânia, 2001

Berçário no jardim de infância Chave de Ouro, Pripyat, Ucrânia, 2001

Salas de aula no jardim de infância Chave de Ouro, Pripyat, Ucrânia, 2001

70 Quartos de brincar no jardim de infância Chave de Ouro, Pripyat, Ucrânia, 2001

72 Lanchonete em escola, Pripyat, Ucrânia, 2001

74 Salas de aula em escola, Pripyat, Ucrânia, 2001

Biblioteca em escola, Pripyat, Ucrânia, 2001

Sala de aula, Pripyat, Ucrânia, 2001

Vão de escada em escola, Pripyat, Ucrânia, 2001

82   Bellaire Drive, Nova Orleans, Louisiana, EUA, 2005

84 Industrial Canal Breach, Tennessee Street, Nova Orleans, Louisiana, EUA, 2005

2732 Orleans Avenue, Nova Orleans, Louisiana, EUA, 2005

88   5979 West End Boulevard, Nova Orleans, Louisiana, EUA, 2005

90 Local desconhecido na altura do n. 800 da North Robertson
Street, Nova Orleans, Louisiana, EUA, 2005

6328 North Miro Street, Nova Orleans, Louisiana, EUA, 2005

94   1923 Lamanche Street, Nova Orleans, Louisiana, EUA, 2005

Tupelo Street, Nova Orleans, Louisiana, EUA, 2005

5417 Marigny Street, Nova Orleans, Louisiana, EUA, 2005

5417 Marigny Street, Nova Orleans, Louisiana, EUA, 2005

102 1401 Pressburg Street, Nova Orleans, Louisiana, EUA, 2005

104 5020 Warrington Street, Nova Orleans, Louisiana, EUA, 2005

5322 Warrington Street, Nova Orleans, Louisiana, EUA, 2005

108 Coliseum Theater, 1233 Coliseum Street, Nova Orleans, Louisiana, EUA, 2005

Altura do n. 400 da Tchoupitoulas Street, Nova Orleans, Louisiana, EUA, 2005

112 Altura do n. 2600 do Munster Boulevard, Nova Orleans, Louisiana, EUA, 2005

Quadro ausente, Versalhes, França, 1984

Entalhe em madeira, gabinete de madame Victoire, Versalhes, França, 1985

Veludo *frappé* e escada, Versalhes, França, 1985

A morte de Marat, de Jacques-Louis David, térreo, Versalhes, França, 1985

122 Antigo vestíbulo dos aposentos de madame Adélaïde, Versalhes, França, 1985

Gabinete íntimo de madame Adélaïde, Versalhes, França, 1986

Gabinete íntimo de madame Adélaïde, Versalhes, França, 1986

Galeria Baixa, Versalhes, França, 1985

130 Sala Smalah, Versalhes, França, 1985

Sala da África, Versalhes, França, 1985

134   Sala da África, pintura de Luís XVI, por Callet, Versalhes, França, 2007

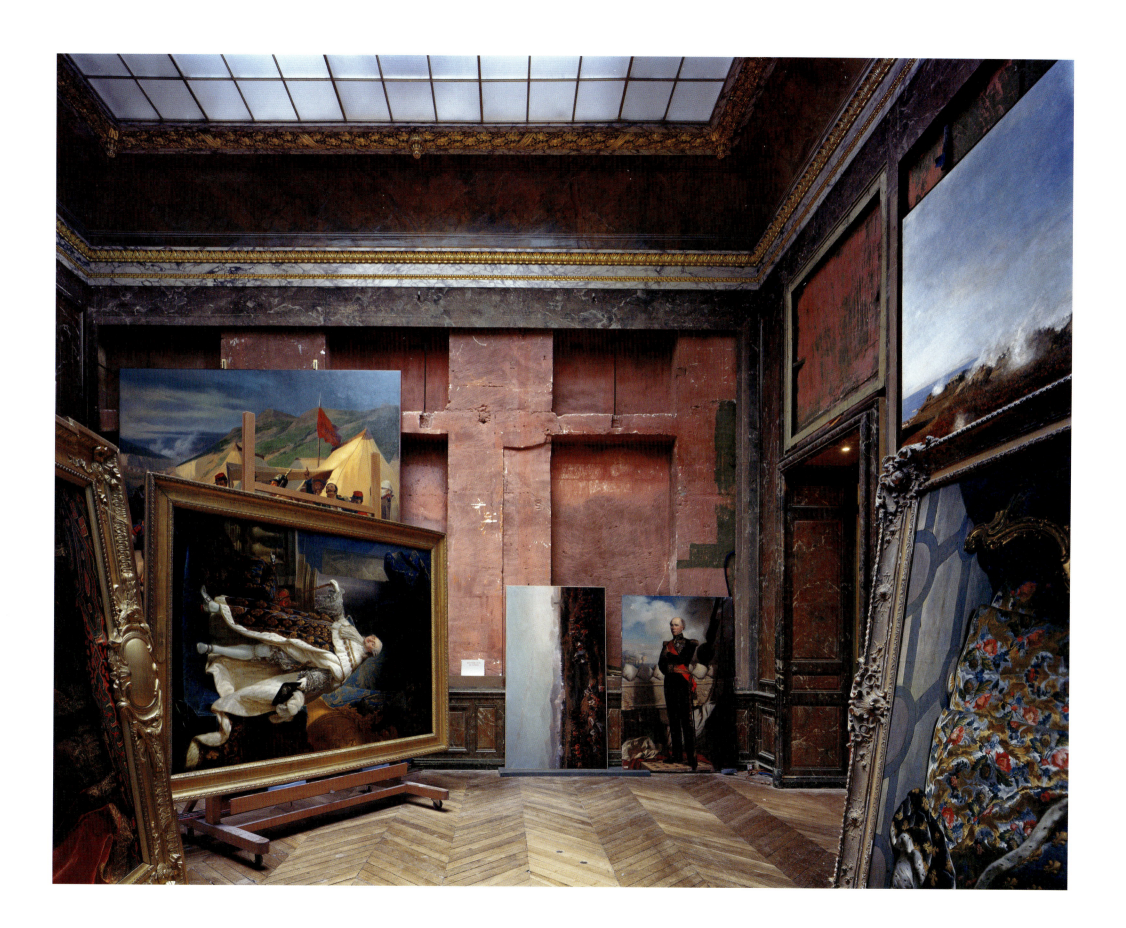

136 Aposentos de madame Adélaïde, retrato pintado de Marie-Clotilde-Xavière de France, por François-Hubert Drouais, Versalhes, França, 2007

138 Apartamento de madame Du Barry, detalhe de painel de
madeira entalhado, Versalhes, França, 2007

140 Quarto da rainha, detalhe de entalhes em madeira e cortina, Versalhes, França, 2007

142 Detalhe de parede e câmera de vigilância do Grande Gabinete
de madame Victoire, Versalhes, França, 2007

144 Térreo, salas do século XVII, *Luís XIV, rei de França*, atribuído a Philippe Vignon, Versalhes, França, 2008

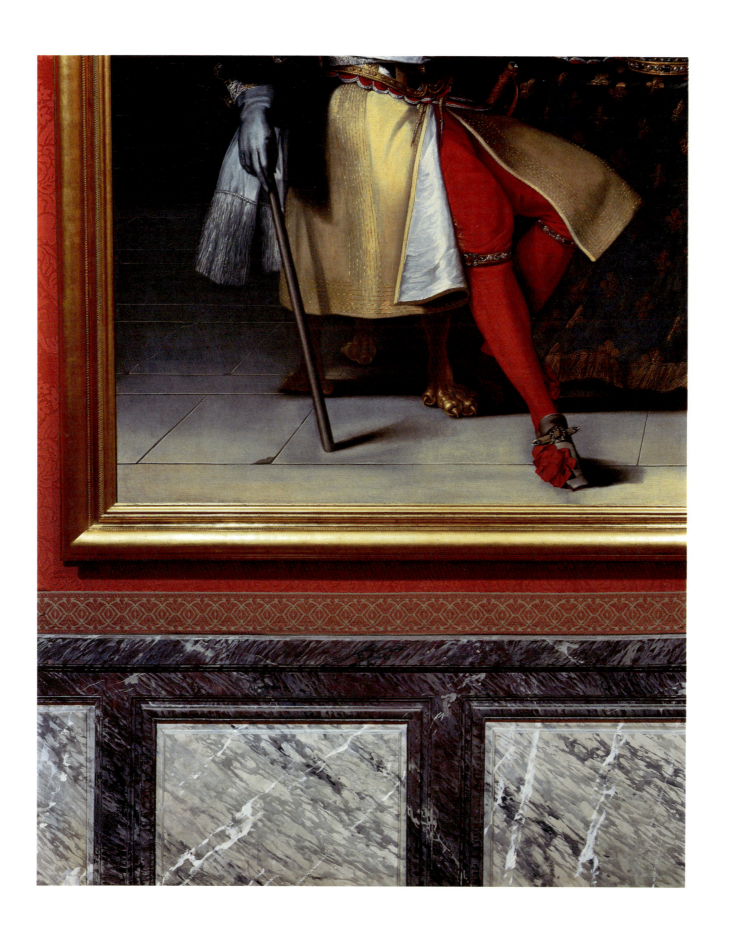

146 Ático do meio-dia, detalhe de porta e buraco de fechadura, Versalhes, França, 2007

Amã, Jordânia, 1996

150   Amã, Jordânia, 1996

152 Jagat Ganj Road, Varanasi, Índia, 2007

154 Dashashwemedh Road, Varanasi, Índia, 2007

156　Distrito Dabbari, Alexandria, Egito, 2001

Entrevista com Robert Polidori, por Michèle Gerber Klein

CONHECI ROBERT POLIDORI APÓS VER UMA DE SUAS IMAGENS sobre a restauração de Versalhes. Ela me deixou cativada. Fiquei assombrada de ver tantas camadas de história sobrepostas em uma única imagem. Igualmente assombrosa era o estímulo para imaginar Versalhes como um local real, definido pelos vestígios de seus moradores e por todas as mudanças históricas pelas quais tanto estes como aquele haviam passado. _____ Isso foi na década de 1990, quando muitos fotógrafos de arte estavam construindo seus próprios temas ou criando imagens intelectuais baseadas em algum tipo de prestidigitação visual. Em meio a isso, destacava-se com nitidez a voluptuosidade direta da foto de Polidori. Foi essa originalidade e esse vigor que me deixaram encantada. _____ Mais adiante, ao conhecê-lo pessoalmente, convidei Robert a visitar Dakota do Norte e fotografar uma cidadezinha que, em certa época, havia pertencido ao meu avô e estava em ruínas; agora que os célebres territórios romantizados nos lendários relatos da conquista do Oeste viraram praticamente um deserto. Fiquei imaginando o que as suas lentes objetivas iriam desvendar naquela vastidão de uma aridez sobrenatural. Robert aceitou o convite. No primeiro dia, ficamos tão absortos enquanto conversávamos no aeroporto que perdemos o voo. No dia seguinte, descobri que Robert não tinha a menor dúvida de que eu e Leaf, meu motorista indígena, iríamos partilhar com ele o café da manhã, totalmente despertos e sorridentes, no restaurante do motel, às cinco e meia da manhã, e que o acompanharíamos até desaparecer o último raio de sol no crepúsculo. Dizer que Robert tem uma relação passional com seu trabalho é só o começo da história. Tão intenso era o seu empenho na busca das imagens que, na última noite, um homem se aproximou dele e disse: "Sei quem é você. Você estava fazendo fotos no meu quintal esta tarde. Eu sou o prefeito da cidade." Acho que Robert nem mesmo notou que havíamos entrado numa propriedade privada. ⎯⎯⎯⎯ Por encomenda do Metropolitan Museum, Robert fez um ensaio fotográfico sobre a catastrófica inundação de Nova Orleans. Uma amiga que havia crescido na cidade chorou ao ver as imagens. E não foi a única. No outono de 2006, a exposição desse ensaio na ala Howard Gilman foi uma das mostras de fotografia mais vistas na história do Metropolitan. O apelo da obra de Robert é excepcionalmente abrangente e visceral. ⎯⎯⎯⎯ A concentração e a intensidade de Robert Polidori fazem dele alguém fácil de ser entrevistado. A dificuldade surgiu depois, na hora de editar toda a riqueza existente em seus comentários. E apesar da desolação que deixa transparecer no final, creio que Robert consegue transformar a tristeza de seus temas, graças à beleza compassiva que descobre em suas formas. ⎯⎯⎯⎯ MICHÈLE GERBER KLEIN: Você foi cineasta antes de virar fotógrafo. Como se deu essa mudança? ROBERT POLIDORI: Eu costumava participar de filmes de vanguarda, daquilo que era então conhecido como "cinema estrutural". Tudo começou em 1969, quando estava começando a faculdade na Flórida. Foi então que Annette Michelson passou por lá e exibiu alguns filmes, entre os quais *Wavelength*, do Michael Snow, e isso mudou a minha vida. Fui conversar com ela e, quando vim para Nova York, fiquei em sua casa até mudar para outro lugar, também arranjado por ela. Annette me apresentou a Jonas Mekas, e então trabalhei no Anthology Film Archives, antes mesmo que este começasse a funcionar, ali no Public Theater, na rua Lafayette, onde ficou por três ou quatro anos. E quando você passou a fazer fotos? Bem, os filmes que estava fazendo tinham como tema a temporalidade entre imagens imóveis e em movimento. Mas a coisa deslanchou mesmo depois que li um livro intitulado *A arte da memória*, da falecida Frances Yates. Esse livro trata de antigos sistemas mnemônicos, ou de memorização, e neles os cômodos desempenham um papel crucial, como "teatros da memória". Como assim? Basta pensar, por exemplo, na escola pitagórica. Pitágoras estava muito interessado em matemática, mas costumava transmitir seus ensinamentos por meio da música; ele ensinava matemática com a ajuda dos sons. Ele teve de sair da Grécia por motivos políticos e se estabeleceu em Crotona, na Sicília, onde seus discípulos não podiam dizer uma palavra durante dois ou três anos. O que faziam era aprender a memorizar aposentos vazios. Estes eram chamados de *loci*, ou *locus*, no singular. Tinham de memorizar as cores, as portas, as janelas... Guardavam na memória a paisagem dos aposentos, exercitando uma memória visual? É, eles treinavam uma memória visual. Então, de um lado havia o *locus* ou os *loci* e, de outro, as *imagines agente*, "imagens ativadas" numa tradução grosseira. Eles colocavam essas imagens em locais determinados, montando cenas dramáticas. A ideia é que temos dificuldade para nos lembrar de coisas corriqueiras, mas recordamos facilmente aquilo que foge do comum. Por isso imaginavam essas cenas teatrais sempre que precisavam lembrar de algo. Por exemplo, suponha que um advogado tivesse de lembrar dos detalhes de um processo no qual um médico envenenara um velho a fim de se apoderar de sua herança, e também precisasse lembrar que havia uma testemunha. Portanto, o advogado criaria uma imagem com dois homens em um quarto azul: um velho semirreclinado no leito e o outro debruçado sobre ele, levando uma taça aos lábios do paciente. A mão direita indica que se trata de um ato deliberado – ou seja, o médico fez de propósito, não foi um acidente. Entre o quarto e quinto dedos do médico, viam-se os testículos de um carneiro. O quarto dedo era conhecido como o "dedo medicinal", portanto tratava-se de um médico. E, em latim, testículo e testemunha são termos praticamente homônimos. É mais fácil lembrar a imagem do que os fatos e, usando-se um sistema de decifração coerente, é possível recuperar todos os dados, os quais poderiam ser esquecidos caso, digamos, o advogado se ocupasse de muitos processos. A memória era apenas uma das sete divisões da retórica clássica. _____ Esse exemplo em particular aparece na obra *Ad herennium*. Há uma cópia em latim desse texto da Antiguidade, feita em 64 d.C., e conheciam-se apenas fragmentos dela pouco antes do Renascimento. Esse é um exemplo de sistema de memória voltado para um uso prático. Mais tarde, os filósofos desenvolveram sistemas de memória como teorias de paradigma teístas. Giordano Bruno, o último herege católico queimado na fogueira, é um caso notável. Tudo isso está no livro da Frances Yates. _____ Foi assim que me interessei por aposentos. Os quartos simplesmente não saem nos filmes, mas ficam bem melhores em fotos. Quando não há nada se movendo no cômodo, o efeito granular do filme faz com que as paredes fiquem tremelicantes, como se fosse um enxame de abelhas. Sempre fico com a impressão de que há algo errado ali. A fotografia faz com o tempo o mesmo que a parede num cômodo faz com o tempo. É como uma fatia de tempo transfixada, cuja aparência vai se deteriorando lentamente. E isto é curiosamente parecido com a quantidade de tempo que se leva para esquecer algo. E sempre me pareceu fantástico ver em um quarto a foto de outro quarto. É como uma janela para outra alma. Annette escreveu que a imagem cinematográfica primordial é a visão de um trem ou dos trilhos de uma ferrovia, que para ela é também a assinatura cinematográfica de Dziga Vertov. Mas será mesmo? O primeiro filme de todos os tempos, por exemplo, aquele dos irmãos Lumière, mostra um trem chegando à estação. Já eu, diria que a imagem fotográfica quintessencial é uma imagem feita de dentro de um quarto mostrando o exterior. Acho que isso define a fotografia. É a metáfora para o conceito de primeira visão. Aquilo que a gente vê primeiro. Bem, a câmera é uma espécie de quarto com obturador, que produz esse efeito de janela... É, e *camera*, em italiano, significa "quarto". Ambos fazem a mesma coisa. Isto é uma câmera: um quarto com uma janela. De qualquer modo, quando percebi a importância psicológica dos quartos, deixei de fazer cinema. _____ Houve outros livros também, como *A poética do espaço*, do Gaston Bachelard. Também ali se fala de cômodos, colmeias e gaveteiros, de todos esses tipos de imagens de receptáculos. Para mim, a fotografia é a arte da superfície receptiva. Sem querer ser vulgar, todo filme sensível é, de certo modo, vaginal. Ele *recebe* algo. Quando as pessoas constróem cômodos para viver é como se tivessem um desejo inconsciente de retornar a uma vida pré-natal, ou mesmo antes, a uma vida anímica. Por isso, o que elas exteriorizam nos lugares que habitam é a sua vida anímica interna, ou para dizer de modo menos mágico, os seus valores pessoais. _____ *A arte da memória* também falava do oráculo de Delfos. Escrevi sobre isso no livro *Metropolis*. A sacerdotisa, médium ou o que fosse, ficava sentada em um banco de três pés – um tripé – sobre um orifício, e as pessoas se aproximavam e entregavam a ela uma pergunta escrita, que ela lia e depois jogava no buraco, e então dizia algo que funcionava como uma sugestão psicológica para quem fazia a consulta, dizia coisas que somente faziam sentido para quem fizera a pergunta. E isso se tornou uma prática comum na pseudo ou paraciência das leituras psíquicas. Quer a gente goste ou não, ou melhor, quer a gente acredite ou não. E, de imediato, vislumbrei uma equivalência entre tripé e verdade psíquica. Ah!, entendi. Eu diria que, a partir da Segunda Guerra Mundial, a fotografia passou por uma revolução, desencadeada pelas câmeras portáteis, usadas na mão. A expressão "momento decisivo" é atribuída a Cartier-Bresson, mas há toda uma escola de praticantes do "momento decisivo". O instantâneo era considerado mais moderno, mais revelador, algo assim. No entanto, a meu ver, essas fotos não são muito reveladoras da verdade. Acho que são mais – como dizer? – *estilísticas*, e nunca tive afinidade com isso. Basta dizer que a câmera Leica foi criada pelos alemães para fins de espionagem. Não estou dizendo que o trabalho desses fotógrafos não seja bom. Só não acho que sejam tão bons quanto se dizia. Para mim, essas pequenas frações de história são fragmentadas demais para constituírem uma revelação. Prefiro muito mais os fotógrafos anteriores, como [*Gustave*] Le Gray, os tipos com mais senso histórico. Gosto da escola norte-americana, como Ansel Adams e Edward Weston. E gostava do modo de vida de Weston, que conheceu revolucionários e transava com mulheres belíssimas. (risos) Ele teve de fato uma vida mítica. Mas quando eu era adolescente, e depois, com 20 e poucos anos, todos os fotógrafos que conheci eram muito limitados. Ao lado dos cineastas, eles não eram nada interessantes. Nunca vi... ... Um fotógrafo antenado, *sexy*? Quero dizer, Walker Evans, esses fulanos, jamais conheci pessoalmente nenhum deles, mas por outro lado convivi com muitos cineastas. Por isso fui para a fotografia quase que contra a minha vontade. E nunca estudei de verdade. O que me aproximou da fotografia foi a questão dos cômodos; isso é o que estava tentando dizer. _____ Na década de 1970, havia muito interesse pelas "fotos de espíritos". Li vários livros sobre um fulano que era famoso e depois foi desmascarado, chamado Ted Serios. Sabia que era empulhação, mas a ideia me fascinava. Serios costumava apontar a câmera para o próprio olho, e nas fotos resultantes apareciam prédios do Cairo e coisas assim. No final, ficou comprovado que era tudo forjado, mas não importa. _____ E também havia as conversas que costumava ter com Harry Smith. Ele era cineasta, etnomusicólogo, e cuidava das gravações da Biblioteca do Congresso. Também vivia no hotel Chelsea. Editei partes do copião de seu filme, *Mahagonny*. Foi ele que me falou a respeito da Ordem da Golden Dawn, da Sociedade Teosófica da Índia, de madame Blavatsky, Annie Besant, C.W. Leadbeater, toda essa gente. _____ Foi assim que cheguei à fotografia. Graças a um conceito crucial: as imagens têm *sentido*. Os grandes artistas daquela época, ou seja, de 1970, 1971, eram Frank Stella e outros assim, e as coisas que faziam pareciam boas, mas lidam sobretudo com a superfície. Meu artista norte-americano predileto é Bob Dylan, que trabalha com o sentido, o sentido psicológico. Para mim, ele é o maior artista dos Estados Unidos. Por isso a minha preocupação era com o sentido, com a profundidade psicológica. _____ Não gosto de coisas truncadas, metidas a inteligentes. Jamais gostei da cultura dos subúrbios, nunca achei a menor graça nisso. Odeio tudo isso (risos). Faço questão de deixar isso claro. Não nasci em Nova York, fui para lá de propósito, entende o que quero dizer? Você foi criado em subúrbio? Não, mas crescemos em Seattle, que tem um tipo de cultura suburbana. Quando morei na Califórnia, foi a mesma coisa; Cocoa Beach, na Flórida, também é suburbana. Eu odiava aquilo tudo. Bem, foi então que comecei a fotografar quartos, pois neles havia muitos vestígios e traços de intervenção humana, de vontade humana. E como você foi fazer as fotos de Versalhes? Esse foi o primeiro dos seus trabalhos que vi na galeria Miller. Saí de Nova York em 1983. Havia parado com os filmes por volta de 1978 ou 1979. Quando se tem 27 anos é difícil competir com o pessoal mais velho, na casa dos 50. A gente ia a essas sessões de cinema no Anthology, no Collective for Living Cinema e no Millenium Film Workshop, e as sessões estavam lotadas de cineastas, todos competindo pelas mesmas verbas limitadas. Era muito deprimente. Deprimente é pouco (risos). E também havia os que faziam vídeo, como Nam-Jum Paik, embora ele não fosse o meu preferido. Estava mais afinado com Woody Vasulka e sua mulher, Steina. Eu os conheci logo no início, e ficamos amigos quando viveram em Nova York. Depois foram meus professores em Buffalo. Foi isso o que fiz em seguida. Fui para Antioch, estudei com Paul Sharitz e mais tarde frequentei a Universidade Estadual de Nova York, em Buffalo. Paul estava lá, assim como os Vasulka e outras pessoas. Acabei transformando toda a minha experiência anterior em créditos universitários. Você fez um mestrado em cinema lá em Buffalo? Fiz, aí voltei para Nova York e fiquei realmente deprimido. Minha carreira estava sem rumo e eu ganhava a vida fazendo trabalho de pedreiro para todos aqueles burgueses sortudos que viviam no Soho. Aí disse para mim mesmo: sabe, Robert, na verdade você nunca quis ser pedreiro. (risos). E eu havia perdido o interesse pelo mundo da arte de Nova York. As grandes galerias jamais levaram a sério o cinema de vanguarda. O único que se mostrou mais receptivo foi Richard Ferry, que costumava ir a todas as mostras do Anthology. Ele tem uma boa ideia da história do cinema e até fez alguns filmes, ao contrário da maioria dos outros no circuito de arte. Aí veio a onda de coisas tipo Cindy Sherman. Bem, fotogramas, ela partiu dos fotogramas. Mas a mentalidade daquilo era do tipo Warhol. Eram todos filhos do Warhol, preocupados apenas com eles mesmos. Suas obras têm como tema a pessoa, o próprio artista. Não vejo o menor interesse nisso. Tudo bem. Aí vi que não queria ter nada a ver com aquilo. Os norte-americanos ficam apenas olhando para o próprio umbigo. _____ Por isso resolvi ir embora e fui para Paris. Comecei a pensar sobre fotografia e me colocar questões como: "O que há nessas fotos de que gosto tanto? Por que as minhas não são boas assim?" Eu costumava fazer fotos com câmeras de formato médio, no México, na Califórnia, na Córsega. Aí me dei conta de que todos os fotógrafos que mais apreciava usavam câmeras de formato grande. Então, em 1982, comprei uma câmera dessas e resolvi simplesmente fotografar, sem me preocupar se aquilo era ou não arte. E também passei a ver a arte em um contexto mais amplo, pois na França, naquela época, a cultura em geral era mais importante do que qualquer forma específica de arte. Mas existem artistas que trabalham com essa perspectiva da cultura como um todo. Os chineses, por exemplo. Também são muitos os ocidentais que abandonam essa perspectiva do artista como um herói destacado. Você não é o único a se preocupar com o todo para além de você mesmo. Claro que não. Sabe, eu nasci em 1951, e acho que uma das coisas que percebi, por volta de 1969, na época de Woodstock – não que tenha algo a ver com Woodstock, mas, para mim, é como... ...Um ponto de referência. É. Até então, a percepção do futuro era a de que sempre iria melhorar. E aí, em algum momento por volta de 1969, o futuro começou a se delinear como algo não tão bom. Virou algo que iria trazer cada vez menos proveito. Isso é interessante, e assustador, mas válido para quem nasceu na década de 1950. Estamos vivendo o fim do industrialismo. Basicamente, a promessa do industrialismo era que cada vez mais gente poderia viver mais e mais, e também ficar cada vez mais rica. Mas acho que agora só podemos ter uma dessas três coisas. Podemos ter uma quantidade cada vez menor de gente que vive mais e fica mais rica, ou então uma quantidade maior de gente que vive menos em condições piores. E quanto às pessoas que vivem menos e ficam mais ricas? Bem, vamos voltar a Versalhes. Tudo bem, mas antes quero dizer algo. Eu passei a prestar cada vez mais atenção nesse tipo de coisa. Voltando ao Bob Dylan: suas canções falam disso desde o princípio, e ele sempre foi muito consciente do mundo. Na minha opinião, quando se trata de um artista norte-americano, ninguém definiu tão bem quanto ele a natureza da experiência de viver nos Estados Unidos. ⎯⎯⎯⎯ Quanto a Versalhes: o que me interessa é uma concepção de retrato social. Lá, tive a oportunidade de acompanhar restaurações museológicas e percebi que, na realidade, o que estava acontecendo ali era um revisionismo histórico. Afinal, o que significa restaurar algo? Significa fazer com que algo velho fique novo outra vez, e isso é uma espécie de paradoxo temporal, sobretudo em um lugar como Versalhes, que já passou por tantas reformas. ⎯⎯⎯⎯ Durante sua vida, Luís xiv mudou de ideia várias vezes a respeito de incontáveis cômodos do palácio. Aquilo era uma obra interminável. Ele passou a vida toda morando em um canteiro de obras. O mesmo se deu com Luís xv, embora em menor medida, e também com Luís xvi. Eles usavam o palácio como um instrumento político. Basicamente, organizando grandes festas e montando grandes cenários, eles acumulavam poder político e o usavam; não diria para dominar o mundo, mas para "disseminar sua influência" pelo mundo. Quando alguém decide restaurar determinado aposento tal como este era em certo período, é preciso considerar que cada ponto de vista do presente tem seus ecos no passado. Não foi por acaso que, durante o governo Mitterrand, Luís xv era adorado, em grande parte porque Mitterrand era uma espécie de Luís xv. O Mitterrand? *Oui.* Em que sentido? Ora, também tinha coisas escondidas no sótão… Certo, certo, essa foi boa (risos). Entende o que quero dizer? Ele tentou ser erudito, ao passo que Luís xiv era mais espetaculoso, menos contido. Luís xiv era uma criatura flamejante. Bem, o que se vê nessas restaurações museológicas é um vislumbre do superego de toda a sociedade. Aquilo que uma sociedade pensa de si mesma. Queria voltar a algo que disse a respeito dos cômodos, ou seja, aquilo que as pessoas fazem a um cômodo. Este é a exteriorização da vida anímica. Aquilo que colocamos nas paredes é o superego, no sentido junguiano. E, retomando o que falei sobre o "momento decisivo" de Cartier-Bresson, o que me interessa é a consolidação "decisiva" dos valores, uma imagem emblemática. Isso remete à sua imagem da morte do velho por envenenamento e o desejo de registrar tudo o que se vê, ou aquilo que a gente vê sem mesmo saber que está vendo. A fotografia se torna enciclopédica. É isso. E isso, em termos práticos, também supõe um mergulho retrospectivo na história. Agora, outra questão é saber se há um aspecto prospectivo. Sempre é alimento para a geração seguinte. Torna-se a semente para a próxima geração. Às vezes, há uma reação contra isso.

Por exemplo, eu reagi contra Elvis. Para mim, Elvis é um cretino. Sempre achei, quando criança, que ele era pago pela General Motors. (risos) E de onde saiu essa ideia? Porque estava sempre babando por algum carro. (risos) Fiquei muito contente quando os Beatles surgiram e o destronaram. Mas aí a gente lê todas essas declarações do Paul e do John, e até mesmo do Bob Dylan, dizendo o quanto foram influenciados pelo Elvis. Portanto, era alimento para a geração deles, mas não para a minha. Eles nasceram dez anos antes de mim. —————— Vou dar outro exemplo. Eu não sou conhecido por fazer retratos. Na Índia, porém, fiz um monte de retratos. Lá, coloco as pessoas diante do lugar em que moram; consigo que façam a pose que elas acham que deveriam fazer. O que me interessa é o superego. Pouco me importa o que eu penso de uma pessoa. Estou interessado naquilo que ela pensa de si mesma. E também é assim que me relaciono com os lugares. Claro que sempre há algum tipo de viés quando se escolhe e se enquadra algo para ser fotografado. Como isso se relaciona com a ideia dos cômodos? Quero dizer, os quartos que você fotografa foram construídos conscientemente, mas depois devastados pelo tempo. Os cômodos devastados pelo tempo são aqueles que guardam mais vestígios. Os novos, recém-acabados, têm apenas qualidades gráficas. Na verdade, não têm nenhuma alma. Li na internet que sou considerado um dos mais destacados fotógrafos de arquitetura do mundo. Isso me incomoda demais. Claro, também fiz esse tipo de foto para ganhar dinheiro, mas venho fazendo cada vez menos. Quanto mais consigo vender as fotos de arte, menos faço dessas fotos arquitetônicas, pois, para mim, não passam de mercadoria fotográfica. Bem, gostaria de saber como você começou a fotografar Versalhes, e depois voltar a falar dos Estados Unidos. Como disse, na minha opinião, Versalhes foi um exemplo da projeção do superego da sociedade ou do governo. Do modo como um Estado ou uma cultura vê a si mesmo. É preciso lembrar que Versalhes não é um museu de arte, e sim de história da França. É um museu histórico. E também que Mnemósina é a musa da memória, alinhada com Saturno, ou seja, com a responsabilidade. Mas como foi na prática chegar até Versalhes? Foi uma escolha sua ou você foi chamado? Foi uma decisão minha. Tinha uma amiga que morava na cidade e eu costumava visitá-la. Um dia, ela disse: "Por que você não dá uma olhada no *château*?". Aquilo me virou a cabeça. Um amigo meu de Nova York, Peter Fend, costumava falar de megaestruturas, que era um conceito corrente na década de 1970. Como uma cidade que fosse um edifício e um edifício que fosse uma cidade. Ora, era exatamente isso que havia em Versalhes. Mais de 10 mil pessoas moravam naquele prédio. Fiquei assombrado com o tamanho. Por falar nisso, dias atrás eu estava em Délhi, e adorei o Parlamento indiano, o palácio presidencial Rashtrapati Bhavan e tudo aquilo. O Kremlin também é um complexo governamental fantástico. Tudo está relacionado – Versalhes é um complexo governamental. Não é mais. Acho que o atual complexo governamental francês é muito difuso. O Senado, a Câmara dos Deputados... Agora tudo fica longe, cada qual em um *arrondissement*. E você teve de mexer muitos pauzinhos para fotografar em Versalhes? Tive sim, levei meses. O primeiro espaço no qual trabalhei foi a Orangerie, pois na época ela não estava sob a alçada administrativa da Réunion des Musées Nationaux. Era controlada por outro órgão estatal e então bastava pagar uma taxa. Reservei meio dia quando o espaço estava vazio, meio dia para o momento que trouxessem as árvores, e mais meio dia quando o local estivesse todo ocupado pelas árvores. É na Orangerie que eles colocam as "árvores tropicais", e tudo começou com um presente de laranjeiras e palmeiras oferecido pelo sultão de Túnis. As árvores ficam ao ar livre no verão e na primavera. Por volta de outubro, quando começa a esfriar, elas são levadas para dentro do edifício, onde há uma variação de menos de meio grau Celsius tanto no inverno como no verão. Bem, paguei por aquele tempo, mas aí acabei fazendo amizade com o pessoal de lá, e o dia e meio a que tinha direito viraram no final dois ou três meses. Eles simplesmente deixavam eu entrar – os franceses são assim. Primeiro, você tem de superar um monte de obstáculos, e então, uma vez que consegue entrar, aí tudo bem. Além disso, eles estavam furiosos por causa do livro da Deborah Turbeville.[1] Odiaram o livro. E odiaram a maneira como ela conseguiu o acesso. Ela mobilizou a Jackie Onassis e o Giscard d'Estaing para que fizessem pressão em favor do seu projeto. Para eles, ela havia passado dos limites. Por outro lado, adoraram a Sofia Coppola.[2] Mesmo que ela tenha feito aquilo parecer uma festa italiana? Eles adoraram porque ela incluiu no filme todo mundo que trabalhava no *château*. E fez várias festas para eles, as *grands soirées*. Eles adoram isso. Eu não tinha como fazer essas grandes *soirées*; simplesmente não havia dinheiro. Mas eles gostaram das fotos que fiz, pois elas tinham o sentimento apropriado. Porque dá para ver as camadas da história. Quando vi essas fotos, fiquei absolutamente fascinada. Em geral, a gente aprende sobre Versalhes tal como era ao ser construído por Luís XIV, novo em folha. Mas quando vemos como é agora, um prédio ocupado por tanta gente durante tanto tempo, é algo espantoso. É verdade. Então esse foi o primeiro ensaio longo no qual usei uma câmera de formato grande. Foi aí que você começou a ser um fotógrafo de arte, de certo modo. E foi nessa época que conheceu Olivier? É, graças a Gilles Dusein, que já morreu. Ele aparece no livro da – como se chama mesmo aquela mulher que fotografa todos os viciados, e acaba levando uma surra? Nan Goldin. No livro da Nan Goldin. Há uma foto dele agonizante. Na época, ele era dono da melhor galeria de fotos em Paris, na rue de Turenne, a Urbi et Orbi, como na frase dita pelo papa. Todos os anos, a Maison Européenne de la Photographie dá o prêmio Gilles Dusein aos mais destacados *marchands* novos de fotos de arte. E o que expus na galeria dele, acredite ou não, foram aquelas imagens que fiz logo antes, dos quartos do Lower East Side, em

Nova York, cujos ocupantes haviam acabado de morrer. Mal sabia eu que, na época, o próprio Gilles estava morrendo. Foi um daqueles que morreram no começo da Aids. Acho que ele nunca expôs nenhuma das fotos de Versalhes. E ele e Olivier eram amigos. Olivier costumava ficar um mês em Paris durante todo ano, e levava fotos em consignação. Eu não o via durante um ou dois anos, e depois recebia algum dinheiro. E então você foi para a galeria Robert Miller. Mas isso foi bem no início, logo depois de você se decidir pela fotografia, na década de 1990. Na época, eu já havia me decidido pela fotografia... Você estava começando a achar seu caminho. Sem dúvida. Levou muito tempo para conseguir publicar o primeiro livro sobre Versalhes, que eu abomino, claro. Vou refazê-lo daqui um ou dois anos, à *minha* maneira, com novas imagens, com todas as antigas e outras mais recentes, mas do meu jeito. Na época eu não tinha força suficiente para fazer o livro de Versalhes tal como imaginava. Contei o que queria para o editor francês e disse a ele que o tema era "sobre o revisionismo histórico visto da perspectiva da restauração museológica". Ele então me fitou e disse: "Ninguém vai comprar isso. Vamos fazer para você o melhor *coffe table book* já publicado." Não tive outra saída senão aceitar. Não era a minha ideia, mas tudo bem. Quando estava fazendo as fotos em Versalhes, ninguém punha fé no trabalho, sobretudo na França. Achavam que eu estava louco. Mas gostavam de você. Gostavam de mim, mas não do tema. Achavam que era a visão de um norte-americano sobre o que havia de importante no passado da França. Afinal, os franceses fizeram uma revolução e derrubaram a monarquia, por isso não entendiam exatamente aonde eu queria chegar com aquilo. Bem, Versalhes é um dos monumentos mais visitados da França. Está sempre cheio de gente. Mesmo assim, é um tanto constrangedor para eles. É mesmo? Mas eles são tão tradicionalistas, tão apegados ao passado. Concordo com você, e há uma contradição. Não acredito que eles tenham de fato percebido as contradições nas imagens. E também não acho que todos os norte-americanos tenham notado. Mas é interessante. Para uma sociedade tão controlada como a francesa, o reconhecimento de que ela tem todas essas rachaduras, todos esses significados contraditórios, é algo bonito. Aí você voltou para os Estados Unidos e fez a exposição com as fotos de Versalhes. Essa exposição viabilizou a minha volta, sem dúvida. Foi nessa época que eu o conheci, graças àquelas fotos. Isso mesmo. Vamos falar sobre os interiores norte-americanos que você fotografou. As fotos da mostra na galeria do Gilles Dusein, as primeiras que fiz na vida, foram feitas em Nova York, no Lower East Side. Lá, havia esses apartamentos nos quais as pessoas tinham morrido e os garotos, quase sempre adolescentes, entravam e quebravam tudo. Por quê? Coisa de moleque, eles adoram quebrar coisas. Não sei o motivo. Esses foram os primeiros trabalhos que fiz nessa linha. Tive sorte porque conheci o fulano que cuidava de um prédio onde, no período de um mês mais ou menos,

[1]. Fotógrafa norte-americana autora do ensaio *Unseen Versailles*, realizado em 1980. [2]. Cineasta norte-americana que filmou, em Versalhes, o filme *Maria Antonieta*, de 2006.

três moradores haviam morrido, e ele tinha acesso aos apartamentos. Foi aí que comecei a fotografar cômodos assim e vi que as imagens eram muito fortes. Embora durante um período esse trabalho fosse apenas algo que eu havia feito no passado, voltei ao tema no ensaio sobre Chernobyl e, claro, em Nova Orleans. Agora, o tipo específico de estrago, ou melhor, de violação de *habitat* é diferente em cada caso, provocado por coisas distintas, mas por outro lado são muito semelhantes. É o mesmo tipo de fenômeno. Destruição. Mesmo no caso de Havana, ali não se trata de uma destruição total, mas eu diria que a causa é política e econômica. Em Dakota do Norte, não fotografei muitos interiores, porque... Não havia sedimentação nos interiores. É, não havia muito, na verdade. Ali eles foram simplesmente abandonados. Como se as condições de vida fossem duras demais. Juntaram todos os seus pertences – e não deviam ser muitos – e simplesmente foram embora. Por isso, grande parte do que se vê, a sedimentação do tempo, está no exterior. Os interiores estão quase todos vazios. Além disso, em Dakota do Norte, existe muito espaço em torno de tudo. Talvez isso tenha me assustado. Não é nem mesmo um subúrbio. É de fato uma área rural. É, é bem estranho. Não me sinto muito confortável nesse tipo de ambiente. É como se pudesse fotografá-lo, mas tem um custo físico e psicológico, ao passo que um ambiente urbano não me incomoda tanto. O ambiente urbano é mais caloroso. Sempre tem gente por perto; tem mais símbolos; há uma atmosfera buliçosa. Não é a incrível solidão dessas construções vazias, como uma tentativa fracassada de lançar raízes no solo. O que era aquela foto que saiu na *New Yorker* e da qual você gostou, com o carro, o hotel decrépito e o elevador de grão no fundo? Fale um pouco sobre essa foto. Tudo naquele lugar estava completamente abandonado. Foi deixado ali. Acho que 20, 25 anos antes de eu chegar e fotografar. E ninguém mexeu em nada nesse tempo. Ninguém apareceu por lá. Não, ninguém. Em um ambiente urbano, como no Lower East Side, como disse, tem os garotos e os mendigos, pelo menos eles entram e quebram. Mas lá não tem nada. Apenas o tempo. De certo modo, é como um vislumbre do passado dos Estados Unidos. Em que sentido? Acho que a região não aproveitou nem mesmo o surto de crescimento do pós-guerra. Tudo o que veio com as décadas de 1950, 1960, 1970, 1980 e 1990, nada disso chegou lá. Como se o lugar tivesse parado em 1929. Algumas pessoas ainda resistiram, mas... As lojas abandonadas têm todas nomes de pessoas, como a loja do Petersen. Dificilmente se vê isso em Chicago ou Nova York. Nas décadas de 1950 e 1960, todas essas lojinhas foram compradas e absorvidas pelas grandes cadeias, ou simplesmente fecharam as portas diante do avanço de cadeias como Walgreens, Western Auto, JC Penney e Sears. Mas a Western Auto e a Sears nem sequer se interessaram em ir para Dakota do Norte. Os produtos da Sears chegavam lá pelos correios. Por isso, é como se estivéssemos olhando para o passado. Já no caso de Havana, estamos olhando para 1961.

Ela também foi preservada, mas sofreu mudanças, como aqueles carros que são continuamente reformados, repintados e reutilizados. Ou aquele fabuloso interior que está na capa do seu livro. Eles moram nessa espécie de palácio, e vão como que criando pequenos nichos para viver. É, não havia nada assim em Dakota do Norte. Não, claro que não. E a vegetação é tão luxuriante em Cuba que a gente espera ver palmeiras crescendo no meio dessas casas ou algo assim. E há aquela pergunta que fiz em Dakota do Norte: "Quem cortou todas as árvores? Não há mais nenhuma árvore." E eles me responderam que nunca houve, pois as planícies haviam sido formadas por geleiras que desenraizaram as árvores à medida que se deslocavam. Agora não há nada. Só grama. E não acaba nunca. De fato, é assombroso. A gente tem a sensação de ser a única coisa entre o céu e a terra. Enquanto você fotografava, notei que ficou fascinado pelos elevadores de grãos. Lá em Harvey, você fotografou aquele grupo de elevadores inúmeras vezes, de todos os ângulos imagináveis. E de fato são estruturas interessantes, parecidas com pequenos castelos. Sem dúvida, eram bem interessantes… E Cuba é o oposto daquilo. Vamos falar um pouco de Cuba. Para mim, Cuba, ou melhor, Havana é uma das grandes metrópoles mundiais. É o modelo de Miami, e não o inverso. Também era incrivelmente bonita e incrivelmente requintada. É, muito rica. Bem, aí veio a revolução e depois disso… Não acho que Fidel tenha sido tão ruim, mas ele foi negligente. Uma coisa curiosa a respeito de Fidel é que, ao contrário de tantos ditadores, não ergueu nenhum monumento para si mesmo. Ele se empenhou mais nas áreas de educação e medicina, coisas assim. Para mim, o mais interessante é ele ter transformado aquele magnífico e antigo clube de campo em uma escola de arte. É, mas em seguida expulsou o arquiteto. (risos) Acho que os comunistas do Leste Europeu lhe disseram que estava sendo burguês demais ao se preocupar com estilo arquitetônico, e ele não queria ser visto assim. O mais assombroso em Havana é que somos transportados para 1961. Na verdade, o que a gente vê ali é a década de 1950. E esta é uma visão extraordinária. E foi nessa época que você nasceu. É verdade. Agora, Nova Orleans, este foi o local mais deprimente. Todo aquele livro é uma espécie de *réquiem* pelo apodrecimento de Nova Orleans. Os danos provocados pelo vento são uma coisa, eles podem ser consertados, mas no caso da água é outra história, sobram apenas objetos de metal ou cerâmica. Todo o resto se perde. Vejo cada um daqueles interiores como uma imagem fúnebre. _____ Fui criticado porque, segundo as pessoas, o fato de ter ido lá revelava uma falta de respeito. Mas a gente não vai a um velório? Não é a mesma coisa? Não podemos prestar nossas últimas homenagens? _____ Não circulei por lá com um *trailer* e montes de equipamentos. Fiz tudo com o máximo de respeito. E sabe de uma coisa? Todas aquelas coisas vão apodrecer, ser incineradas ou demolidas, e nunca teremos nenhum registro delas. Só o que vai restar são essas imagens.

Há centenas de milhares de casas. Duas mil pessoas morreram, mas centenas de milhares de casas foram destruídas, e grande parte de seus moradores agora está tentando reiniciar a vida em outras partes. Naquelas imagens, o que vemos são exoesqueletos descartados. Esse era o sentido daquele trabalho para mim. E as fachadas... é simplesmente inacreditável o que a força da água e do vento pode fazer. É algo assombroso, em nossa época, a destruição de uma grande metrópole, ainda mais com tanta rapidez. E isso tem a ver com algo que você mencionou, o fim do industrialismo. Essas coisas que as pessoas construíram e que definiram um momento da civilização – isso acabou. Algo diferente está chegando. Falamos tanto a respeito da arquitetura como memória, das edificações como algo do qual as novas gerações podem extrair ideias, como alimento para as gerações vindouras, mas o que dizer do conceito de edificação como futuro? Pouco tempo atrás eu estava fotografando Gurgaon, uma nova cidade perto do aeroporto de Délhi, onde estão instalados os *call centers*. Sabe quando você liga para a administradora do cartão de crédito? Lá têm muitos desses centros de atendimento telefônico. E estão construindo edifícios como os de Dubai. Creio que os limites do crescimento da Índia serão dados pelo acesso à água e à eletricidade. Acho que a Ásia vai atingir o seu limite em termos industriais muito mais rápido do que nós, pois eles têm de lidar com números astronômicos. E aí voltamos para o jogo dos grandes números. Há simplesmente gente demais por lá. Você está dizendo que não se pode ter uma sociedade industrial com tanta gente? Não dá, porque as repercussões ambientais são de tal ordem que vamos tornar inabitável o planeta. Além disso, como ocorre na Índia, a escassez de água é uma limitação intrínseca. Agora estamos lendo que a Groenlândia e o *permafrost* na Sibéria estão derretendo e, com isso, toneladas e toneladas de metano e dióxido de carbono estão sendo liberadas. Cada centímetro que o nível do mar sobe equivale, se não me engano, a cerca de 30 metros de erosão. Quando vi essa estatística, pensei, com tanta escassez de água, por que não dessalinizamos a água do mar e assim baixamos o seu nível? Mas embora seja algo simples, o problema é o custo elevado, que torna a água extremamente cara. No Catar, eles dessalinizam, e em Tel-Aviv, na época do domínio britânico, havia uma usina de dessalinização, que foi desativada 50, 60 anos atrás. Ficava bem na praia. São esses os novos desafios que têm de ser enfrentados. Água limpa, ar limpo. Se não resolvermos isso, vamos ficar doentes. E isso vai reduzir nosso número. Também acho que um aumento excessivo dos membros de uma sociedade traz problemas psicológicos. Quanto menor for a população, mais especial é cada indivíduo. ⎯⎯⎯⎯ Talvez isso se deva ao fato de eu estar na meia-idade, e agora tenho mais tempo atrás do que diante de mim, ou talvez ao fato de tantas das minhas previsões anteriores sobre o futuro terem se mostrado equivocadas. Em termos emocionais, falar do futuro é perturbador, por tudo o que mencionamos.

Outro dia eu estava assistindo à CNN no quarto do hotel e era uma reportagem sobre o impacto das emissões de carbono de cada pessoa. Segundo eles, para compensar a poluição causada por um voo de sete horas, cada passageiro do avião teria de plantar 4,5 árvores. Bem, só eu já devo plantar florestas inteiras. Não é nada agradável, portanto, perceber que somos parte do problema. ⎯⎯⎯⎯⎯ A câmera pode ter sido inventada no Renascimento, mas a fotografia, não há como negar, é uma arte industrial. Sempre me imaginei como um dos mocinhos, e agora estou me dando conta de que não é bem assim, e na verdade não sei muito bem o que fazer em relação a isso. É correto que alguém faça o mal visando o bem? Esse tipo de dilema está muito presente nas tendências do mundo atual. Você lembra daquele verso em *Stairway to Heaven* que diz "no fim das contas ainda há tempo para mudar o caminho em que estamos"? Bem, sabe o que acho de verdade? Quanto mais velho a gente fica, há cada vez menos tempo e cada vez menos disposição para mudar o caminho. Por isso, pensar no futuro é, para mim, algo assustador.

MICHÈLE GERBER KLEIN, formada pela Brearley School e pelo Bryn Mawr College, é vice-presidente da Liberman Foundation e integra o New Museum of Contemporary Art e o Smithsonian Cooper-Hewitt Design Museum. Participa dos conselhos de aquisição de fotografia do Museum of Modern Art e do Whitney Museum of American Art. Neste também é diretora do Library Committee. Escreve com frequência sobre arte e moda para o *site Bomb* e para as revistas *Quest* e *C*, entre outras. Vive em Nova York.

Tradução de Claudio Alves Marcondes

Livros *After the Flood*. Fotografias de Robert Polidori. Gottingen: Editions Steidl, 2006. _____ *Robert Polidori's Metropolis*. Fotografias de Robert Polidori, textos de Robert Polidori e Martin C. Pedersen. Nova York: Metropolis/D.A.P., 2004. _____ *Zones of Exclusion Pripyat and Chernobyl*. Fotografias de Robert Polidori. Gottingen: Editions Steidl, 2003. _____ *Havana*. Fotografias de Robert Polidori. Gottingen: Editions Steidl, 2001. _____ *Palm Springs Weekend: the Architecture and Design of a Midcentury Oasis*. Fotografias de Robert Polidori, texto de Alan Hess. São Francisco: Chronicle Books, 2001. _____ *The Levant: History and Archeology in the Eastern Mediterranean*. Fotografias de Robert Polidori, texto de Pierre-Louis Gatier. Colônia: Konemann Verlag Gesselschaft, 1999. _____ *La Libye antique: Cités perdues de L'Empire Romaine*. Fotografias de Robert Polidori, texto de Antonio e Jeanette di Vita. Paris: Éditions Mengès, 1998. _____ *Chateaux de la Loire*. Fotografias de Robert Polidori, texto de Jean-Marie Preouse de Montclos. Paris/Colônia: Éditions Mengès/Konemann Verlag Gesselschart, 1997. _____ *Cités Gréco-Romaines de la Triploitane et Cyrénaïque*. Fotografias de Robert Polidori, texto de Antonio e Jeanette di Vita. Paris/Colônia: Éditions Mengès/Konemann Verlag Gesselschart, 1997. _____ *Versailles*. Fotografias de Robert Polidori, texto de Jean-Marie Perouse de Monclos. Paris/Nova York/Milão/Colônia: Éditions Mengès/Abbeville Press/Edizione Magnus/Konemann Verlag Gesselschaft, 1991.

Coleções UBS Art Collection. _____ Moma, Nova York, EUA. _____ Los Angeles County Museum of Art, Los Angeles, EUA. _____ The Metropolitan Museum of Art, Nova York, EUA. _____ Bibliotèque Nationale, Paris, França. _____ Maison Européenne de la Photographie, Paris, França. _____ Foundación "la Caixa", Barcelona, Espanha. _____ The Link Group, Chicago, EUA. _____ First National City Bank, Nova York, EUA. _____ The Santander Bank, Nova York, EUA. _____ La Caisse des Dépôts et Consignations, Paris, França. _____ Walker Art Center, Minneapolis, EUA. _____ The Berman Collection, Los Angeles, EUA.

Exposições individuais 2009 *Robert Polidori*, Musée d'Art Contemporain de Montréal, Canadá. _____ 2007 *After the Flood*, Jarach Gallery, Veneza, Itália. _____ *After the Flood*, Nicholas Metivier Gallery, Toronto, Canadá. _____ 2006 *Chernobyl*, Edwynn Houk Gallery, Nova York, EUA. _____ *After the Flood*, Flowers East, Londres, Reino Unido. _____ *New Orleans after the Flood*, Metropolitan Museum of Art, Nova York, EUA. _____ *Fotografien*, Martin-Gropius-Bau, Berlim, Alemanha. _____ 2005 *Chernobyl*, Nicholas Metivier Gallery, Toronto, Canadá. _____ Flowers Central, Londres, Reino Unido _____ 2004 *Havana*, Peabody Essex Museum, Salem, EUA. _____ Weinstein Gallery, Minneapolis, EUA. _____ Contact, Toronto, Canadá. _____ 2003 Pace/MacGill Gallery, Nova York, EUA. _____ 2000 Pace/MacGill Gallery, Nova York, EUA. _____ 1999 Weinstein Gallery, Minneapolis, EUA. _____ Robert Miller Gallery, Nova York, EUA. _____ Gallery One, Toronto, Canadá. _____ 1997 Institut du Monde Arabe, Paris, França. _____ Robert Miller Gallery, Nova York, EUA. _____ 1991 Galerie Jaques Gordat, Paris, França. _____ 1990 Galerie Urbi et Orbi, Paris, França. _____ 1988 Atelier des Cannettes, Mois de la Photo, Paris, França. _____ 1983 Braathen Fine Arts, Nova York, EUA. _____ 1979 CEPA Gallery, Buffalo, EUA. _____ 1975 Whitney Museum of Art – New Filmakers Program, Nova York, EUA. _____ 1970-1975 Anthology Film Archives, Nova York, EUA.

Exposições coletivas (seleção) 2007 *Ingenuities: Photography & Engineering*, Fundação Calouste Gulbenkian, Lisboa/Palais des Beaux-Arts, Bruxelas, Bélgica. _____ *New Work by Gallery Artists*, Flowers Central, Londres, Reino Unido. _____ *Says the junk in the yard*, Flowers East, Londres, Reino Unido. _____ 2006 *The living is easy*, Flowers East, Londres, Reino Unido. _____ 2003 *Esther haase – Kuba*, CameraWork, Berlim, Alemanha. _____ 2001 Grant Selwyn Fine Art, Los Angeles, EUA. _____ 1999 *Preview IV*, Weinstein Gallery, Minneapolis, EUA. _____ 1998 Weinstein Gallery, Nova York, EUA. _____ St. Paul Companies, St. Paul, EUA. _____ 1997 Robert Miller Gallery, Nova York, EUA. _____ 1994 Conseil Général de la Nièvre, Nevers, França. _____ 1989 Chicago Art Institute, Chicago, EUA. _____ 1982 Braathen Fine Arts, Nova York, EUA. _____ 1981 *P.S. 1*, Long Island City, Nova York, EUA. _____ 1980 Braathen-Gallozzi Gallery, Nova York, EUA. _____ 1978 International Center of Photography, Nova York, EUA. _____ 1975 Bykert Gallery, Nova York, EUA.

INSTITUTO MOREIRA SALLES

Walther Moreira Salles (1912-2001)
Fundador

DIRETORIA EXECUTIVA

João Moreira Salles
Presidente

Gabriel Jorge Ferreira
Vice-Presidente

Francisco Eduardo de Almeida Pinto
Diretor Tesoureiro

Mauro Agonilha
Raul Manuel Alves
Diretores Executivos

CONSELHO DE ADMINISTRAÇÃO

João Moreira Salles
Presidente

Fernando Roberto Moreira Salles
Vice-Presidente

Gabriel Jorge Ferreira
Pedro Moreira Salles
Roberto Konder Bornhausen
Walther Moreira Salles Junior
Conselheiros

ADMINISTRAÇÃO

Flávio Pinheiro
Superintendente Executivo

Samuel Titan Jr.
Manuel Gomes Pereira
Coordenadores Executivos

Odette Jerônimo Cabral Vieira
Coordenadora Executiva de Apoio

Liliana Giusti Serra
Coordenadora – Bibliotecas

Rodrigo Lacerda
Coordenador editorial

Michel Laub
Coordenador – Internet

Beatriz Paes Leme
Coordenadora – Música

Sergio Burgi
Coordenador – Fotografia

Heloisa Espada
Coordenadora – Artes

Elizabeth Pessoa Teixeira
Odette Jerônimo Cabral Vieira
Roselene Pinto Machado
Vera Regina Magalhães Castellano
Coordenadoras – Centros culturais

© Robert Polidori
© Instituto Moreira Salles

Foto da capa
5417 Marigny Street,
Nova Orleans, EUA, 2005

Equipe de tradução
André Telles
Cláudio Alves Marcondes
Otacílio Nunes Jr.

Preparação
Flávio Cintra do Amaral

Revisão
Flávio Cintra do Amaral
Rodrigo Lacerda

Projeto gráfico
MÁQUINA ESTÚDIO
Kiko Farkas
Thiago Lacaz

Produção gráfica
Letícia Mendes
Aldir Mendes

Pré-impressão
Retrato Falado

Impressão
Atrativa Gráfica

Junho de 2009

TIRAGEM: 2.000 exemplares
TIPOGRAFIA: FreightSans
SOBRECAPA: Couché fosco importado 170 g/m²
CAPA: Color Plus Roma 120 g/m²
MIOLO: Couché Sappi 170 g/m²

ISBN 978-85-86707-41-4